AF194165

Impressum
Verlag: BABADADA GmbH, Nedderfeld 112 , 22529 Hamburg
Geschäftsführer / Verlagsleitung: Harald Hof
Druck: Books on Demand GmbH, In de Tarpen 42, 22848 Norderstedt

Imprint
Publisher: BABADADA GmbH, Nedderfeld 112 , 22529 Hamburg, Germany
Managing Director / Publishing direction: Harald Hof
Print: Books on Demand GmbH, In de Tarpen 42, 22848 Norderstedt, Germany

# школа

## shkolla

делити
pjesëtim

186/2

плоча
tabela

учиона
klasa

школско дворище
oborr shkolle

наставник
mësues

папир
letër

писати
shkruaj

хемијска оловка
stilolaps

писаћи стол
tavolinë

лењир
vizore

књига
libri

ученик
nxënës

торба

çantë

перница

mbajtëse lapsash

графитна оловка

laps

шиљило за оловке

mprehës lapsash

гумица за брисање

gomë

блок за цртање

fletore vizatimi

цртеж

vizatim

кист

penel

кутија са бојама

kuti bojërash

маказе

gërshërë

лепило

ngjitës

бележница

fletore detyrash

домаћи задатак

detyrë shtëpie

12

број

numër

2+2

сабирати

mbledh

5-2

одузимати

zbres

2×2

множити

shumëzoj

рачунати

llogaris

A

слово

gërmë

ABCDEFG
HIJKLMN
OPQRSTU
VWXYZ

абецеда

alfabeti

hello

реч

fjalë

текст

tekst

читати

lexoj

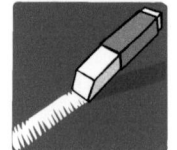

креда

shkumës

час

mësim

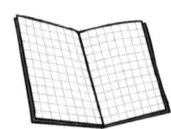

дневник

regjistër

испит

provim

сведочанство

çertifikatë

школска униформа

uniformë shkolle

образование

arsimim

лексикон

enciklopedia

универзитет

universitet

микроскоп

mikroskop

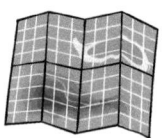

карта

hartë

кошара за папир

kosh letrash

# путовање
# udhëtim

хотел
hotel
Grand
преноћиште
bujtinë
ROOMS
CHANGE
мењачница
pikë këmbimi valutor
кофер
valixhe
ауто
makinë

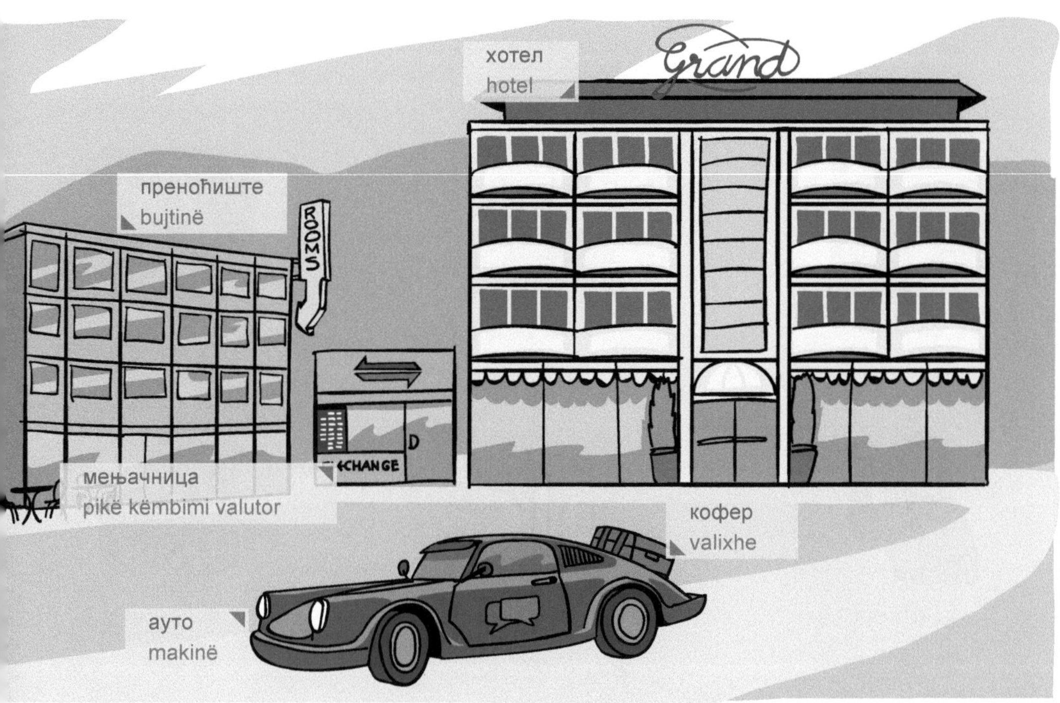

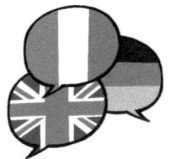

језик

gjuhë

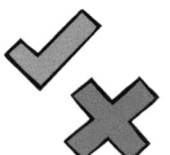

да / не

po / jo

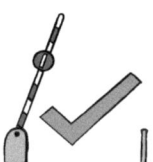

океј

Në rregull

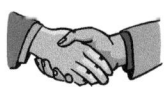

здраво

ç'kemi

преводилац

përkthyes

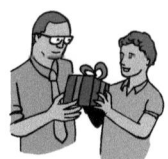

хвала

Faleminderit

Колико кошта...?

sa kushton...?

не разумем

nuk e kuptoj

проблем

problem

добро вече!

Mirëmbrëma!

Добро јутро!

Mirëmëngjes!

Лаку ноћ!

Natën e mirë!

довиђења

mirupafshim

смер

drejtim

пртљага

bagazhet

торба

çantë

руксак

çantë shpine

гост

mysafir

соба

dhomë

врећа за спавање

thes gjumi

шатор

tendë

туристичке информације

informacion për turistët

плажа

plazh

кредитна картица

kartë krediti

доручак

mëngjes

ручак

drekë

вечера

darkë

карта за вожњу

Biletë

лифт

ashensor

поштанска маркица

pulla

граница

kufi

царина

doganë

амбасада

ambasadë

виза

vizë

пасош

pasaportë

# транспорт
# transport

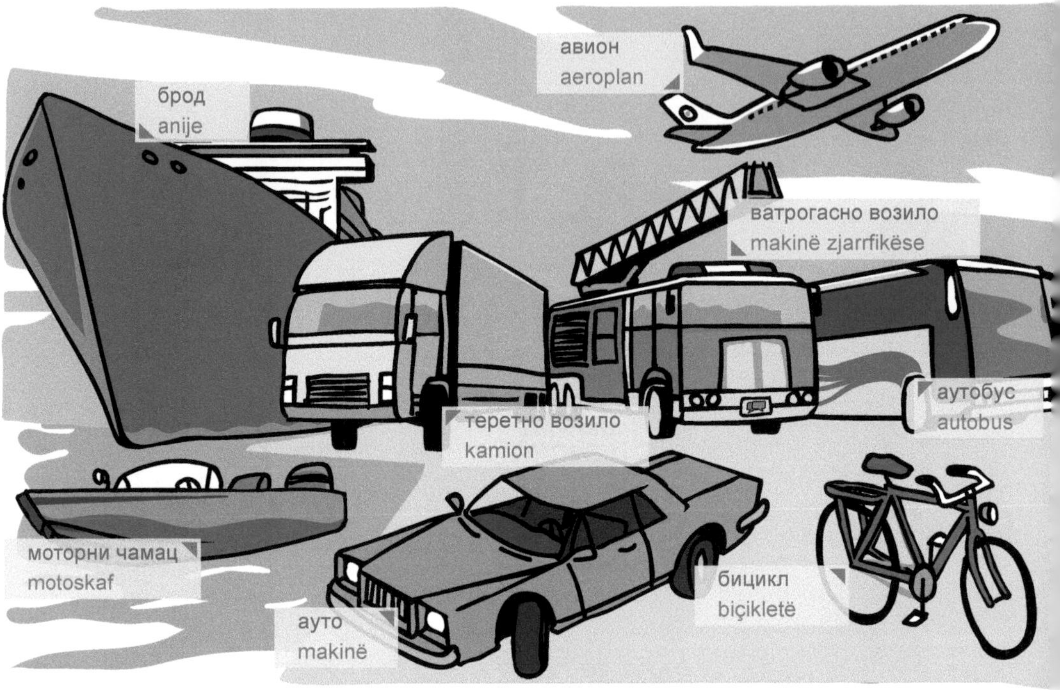

авион
aeroplan
брод
anije
ватрогасно возило
makinë zjarrfikëse
аутобус
autobus
теретно возило
kamion
моторни чамац
motoskaf
бицикл
biçikletë
ауто
makinë


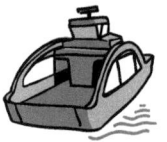

трајект

traget

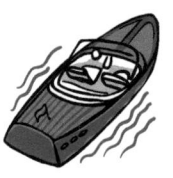

чамац

varkë

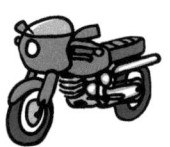

мотоцикл

motoçikletë

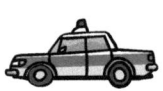

полицијски ауто

makinë policie

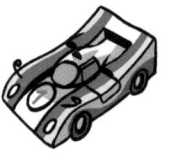

тркаћи ауто

makinë garash

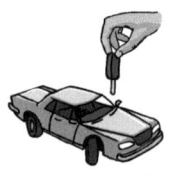

изнајмљено ауто

makinë me qira

**делење аутомобила**

darje e qirasë së makinës

**вучно возило**

karroatrec

**возило за одвоз смећа**

makinë plehrash

**мотор**

motor

**бензин**

benzinë

**бензинска станица**

pikë karburanti

**саобраћајни знак**

sinjalistikë trafiku

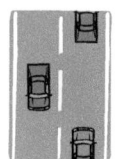

**саобраћај**

trafik

**застој**

bllokim trafiku

**паркиралиште**

parkim makinash

**железничка станица**

stacion treni

**шине**

trase

**воз**

tren

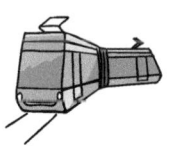

**трамвај**

tramvaj

**вагон**

karro

хеликоптер

helikopter

аеродром

aeroport

кула

kullë

путник

pasagjer

контејнер

kontenier

картон

kuti kartoni

колица

qerre

корпа

shportë

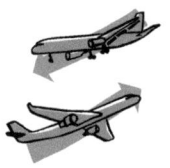

узлетети / слетети

ngrihem / ulem

# град

## qytet

село

fshat

центар града

qendra e qytetit

кућа

shtëpi

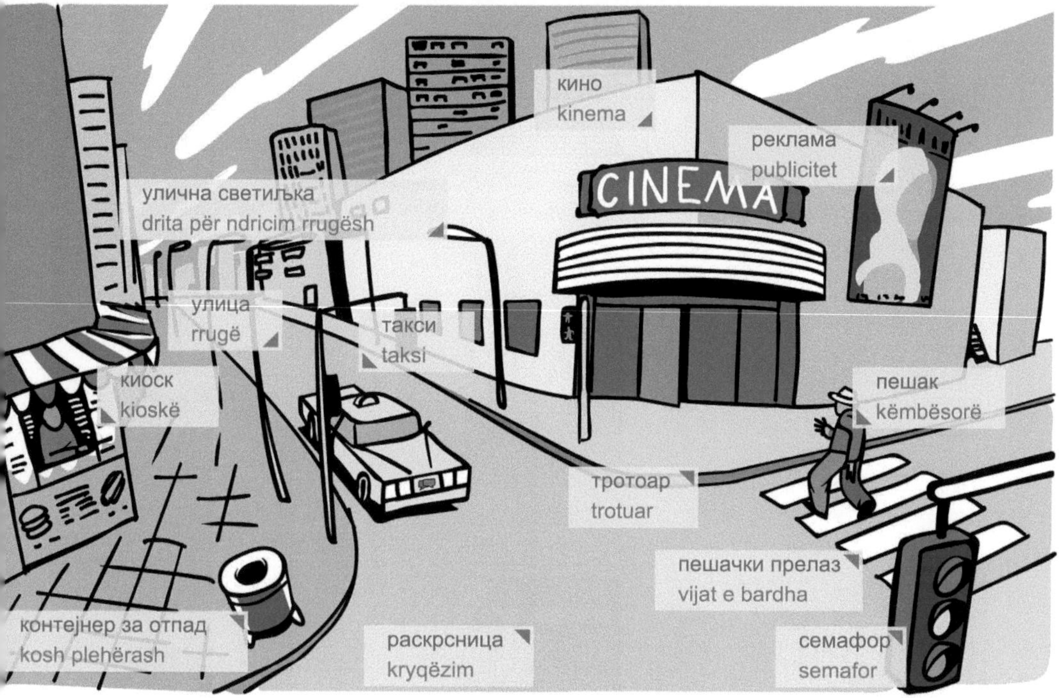

кино
kinema

реклама
publicitet

улична светилька
drita për ndricim rrugësh

**CINEMA**

улица
rrugë

такси
taksi

пешак
këmbësorë

киоск
kioskë

тротоар
trotuar

пешачки прелаз
vijat e bardha

контејнер за отпад
kosh plehërash

раскрсница
kryqëzim

семафор
semafor

колиба
kasolle

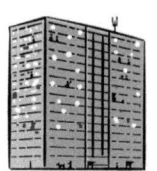

стан
apartament

железничка станица
stacion treni

волница
bashki

музеj
muze

школа
shkolla

универзитет

universitet

банка

bankë

болница

spital

хотел

hotel

апотека

farmaci

канцеларија

zyrë

књижара

librari

продавница

dyqan

цвећара

dyqan lulesh

супермаркет

supermarket

трг

market

робна кућа

маро

рибарница

dyqan peshku

трговачки центар

qëndër tregtare

лука

port

парк

park

клупа

stol

мост

urë

степенице

shkallë

подземна железница

metro

тунел

tunel

аутобуска станица

stacion autobuzi

бар

bar

ресторан

restorant

поштанско сандуче

kuti postare

улични знак

sinjalistikë rrugore

паркирни аутомат

kohëmatës parkimi

зоолошки врт

kopsht zoologjik

базен

pishinë

џамија

xhami

сеоско газдинство
fermë

загађење околине
ndotje

гробље
varrezë

црква
kishë

игралиште
shesh lojërash

храм
tempull

# пејсаж
# peisazh

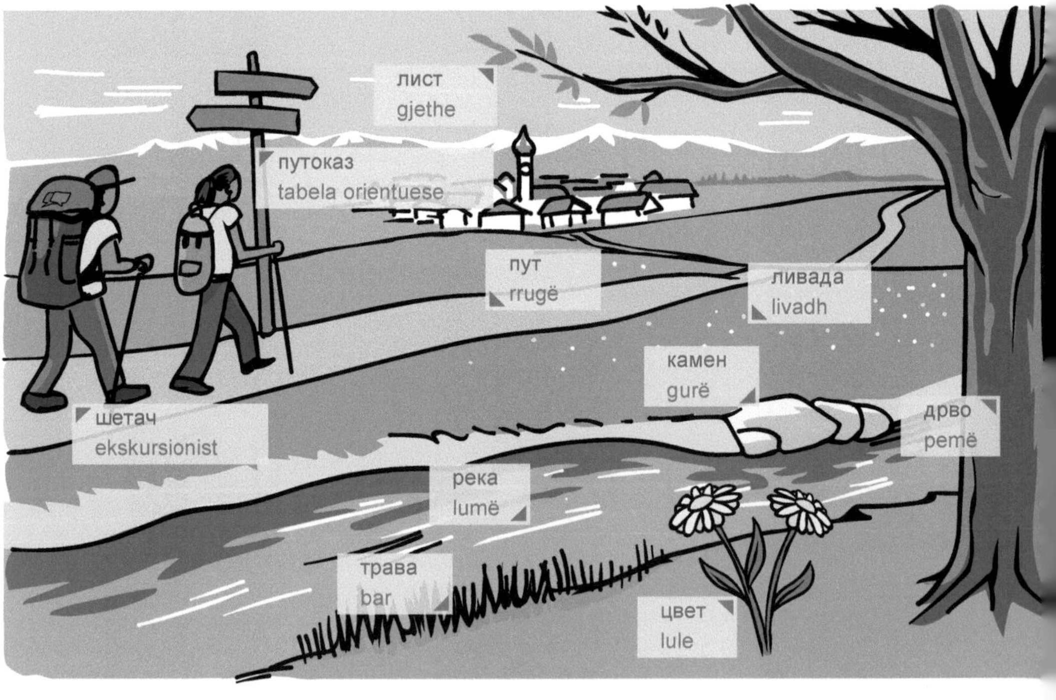

лист
gjethe

путоказ
tabela orientuese

пут
rrugë

ливада
livadh

камен
gurë

дрво
pemë

шетач
ekskursionist

река
lumë

трава
bar

цвет
lule

долина

luginë

планина

kodër

језеро

liqen

шума

pyll

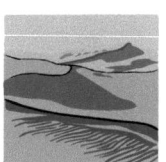

пустиња

shkretëtirë

вулкан

vullkan

дворац

kështjellë

дуга

ylber

гљива

kepudhë

палма

palmë

москито

mushkonjë

мува

mizë

мрав

milingonë

пчела

bletë

паук

merimangë

буба

brumbull

жаба

bretkosë

веверица

ketër

јеж

iriq

зец

lepur

сова

buf

птица

zog

лабуд

mjellmë

дивља свиња

derr i egër

јелен

dre

лос

dre brilopatë

насип

digë

ветрењача

turbinë ere

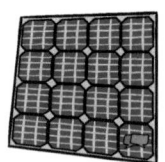

соларна плоча

panel diellor

клима

klimë

# ресторан
# restorant

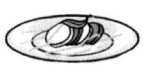

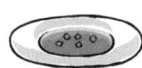

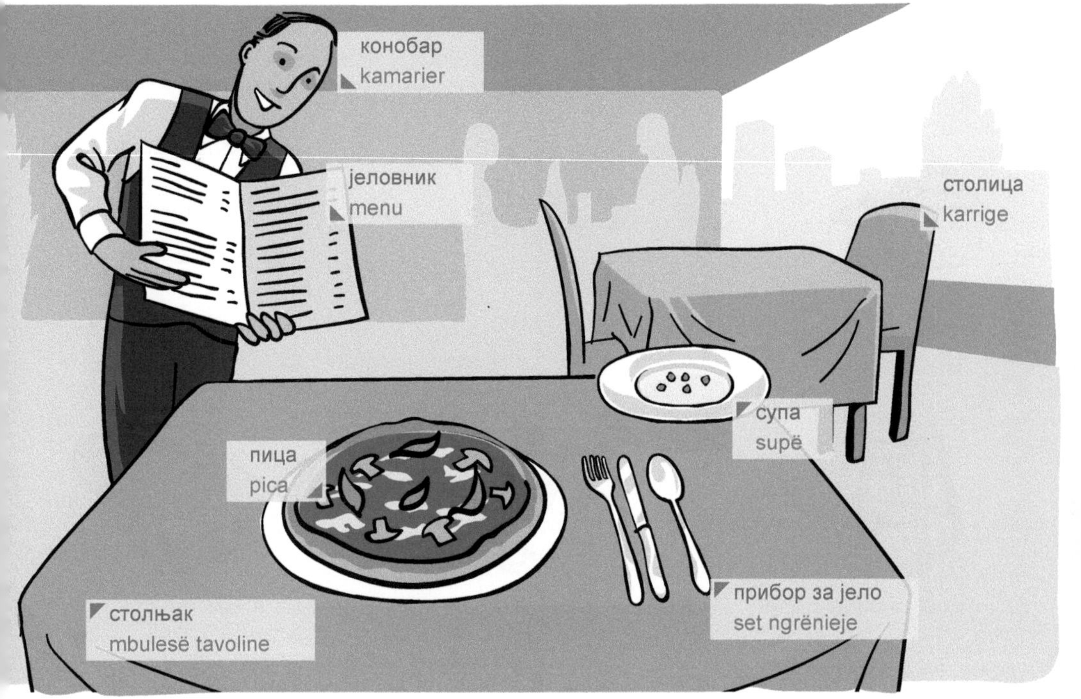

конобар
kamarier
јеловник
menu
столица
karrige
супа
supë
пица
pica
столњак
mbulesë tavoline
прибор за јело
set ngrënieje


предјело

pjatë e parë

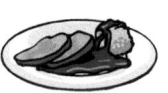

главно јело

pjatë kryesore

десерт

ëmbëlsirë

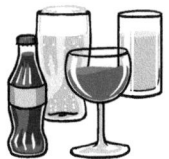

напитци

pije

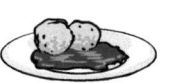

јело

ushqim

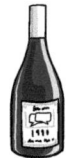

флаша

shishe

брза храна

ushqim i shpejtë

имбис храна

ushqim i shërbyer në rrugë

чајник

ibrik çaji

доза за шећер

kuti sheqeri

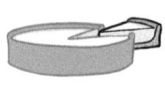

порција

racion

апарат за еспресо

makinë kafeje ekspres

висока столица

karrige e lartë

рачун

faturë

послужавник

tabaka

нож

thika

виљушка

pirun

кашика

lugë

чајна кашика

lugë çaji

салвета

pecetë

чаша

gotë

ресторан - restorant

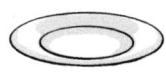

тањир

pjatë

тањир за супу

pjatë supe

тањирић

pjatë filxhani

сос

salcë

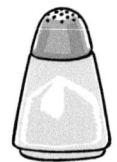

сољенка

mbajtëse kripe

млин за бибер

mulli piperi

сирће

uthull

уље

vaj

зачини

erëza

кечап

keçap

сенф

mustardë

мајонеза

majonozë

# супермаркет
# supermarket

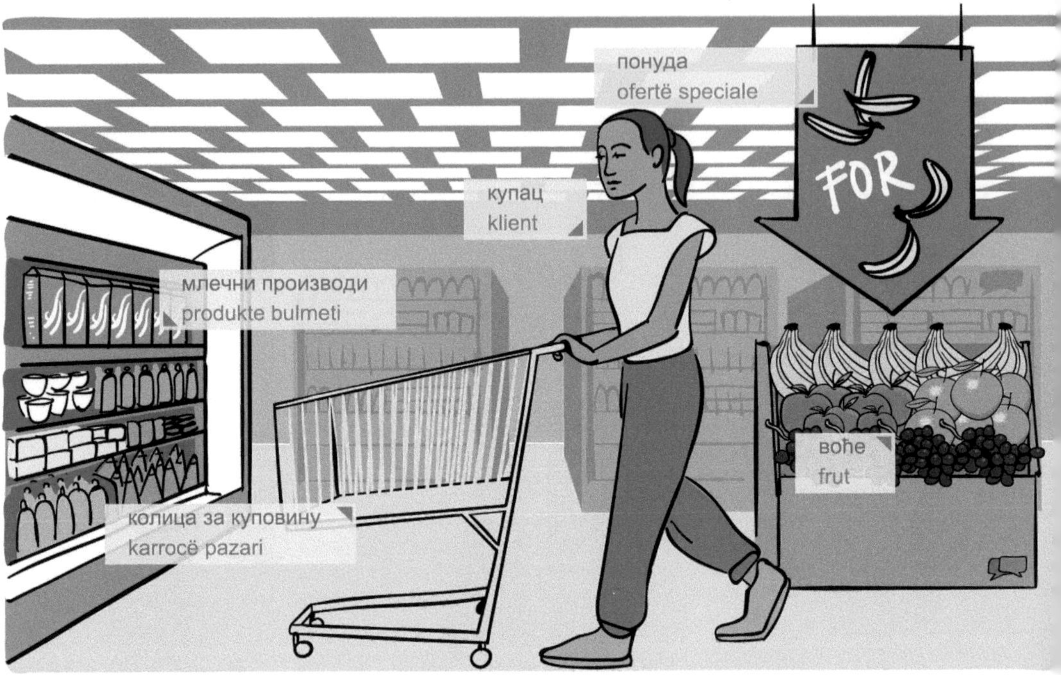

понуда
ofertë speciale
FOR
купац
klient
млечни производи
produkte bulmeti
воће
frut
колица за куповину
karrocë pazari


BUTCHERS


месница

dyqan mishi

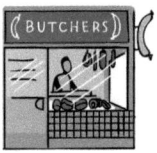

BAKERY


пекара

furrë buke

вагати

peshoj

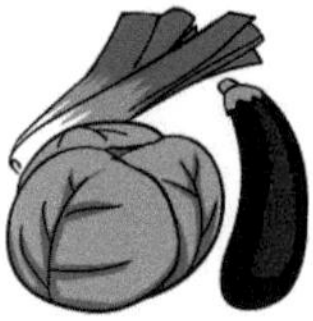

поврће

perime

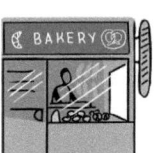

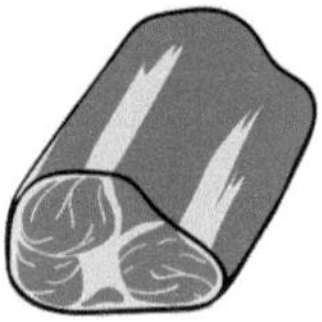

месо

mish

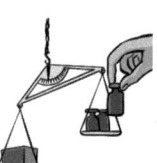

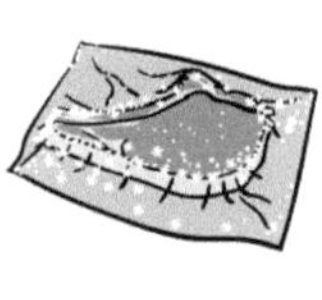

смрзнута храна

ushqim i ngrirë

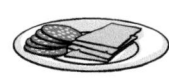

нарезак

copë

конзерве

ushqim i konservuar

средство за прање

pluhur larës

слаткиши

ëmbëlsirat

артикли за домаћинство

prodhime shtëpie

средства за чишћење

produkte pastrimi

продавачица

shitëse

благајна

kasë fiskale

благајник

arkëtar

листа за куповину

llstë blerjeje

време рада

oraret e punës

новчаник

portofol

кредитна картица

kartë krediti

торба

çantë

пластична кеса

qese plastike

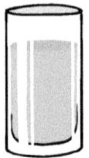

вода

ujë

сок

lëng frutash

млеко

qumësht

кола

koka-kola

вино

verë

пиво

birrë

алкохол

alkool

какао

kakao

чај

çaj

кава

kafe

еспресо

kafe ekspres

капућино

kapuçino

банана

banane

јабука

mollë

наранџа

portokalle

лубеница

pjepër

лимун

limon

шаргарепа

karrotë

бели лук

hudhër

бамбус

bambu

лук

qepë

гљива

kërpudha

орашасти плодови

arra

резанци

makarona

шпагете

spageti

рижа

oriz

салата

sallatë

помфрит

patate të skuqura

печени крумпир

patate të skuqura

пица

pica

хамбургер

hamburger

сендвич

sanduiç

шницла

shnicel

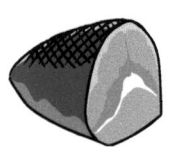

шунка

proshutë

салама

sallam

кобасица

salçiçe

кокош

pulë

печење

skuq

риба

peshk

зобене пахуљице

tërshërë

мусли

drithëra

кукурузне пахуљице

kornfleiks

брашно

miell

кроасан

kruasant

пециво

panine

хлеб

bukë

тоаст

tost

кекси

biskotë

маслац

gjalp

свежи сир

gjizë

колач

tortë

jaje

vezë

jaje на око

vezë sy

сир

djathë

сладолед

akullore

шећер

sheqer

мед

mjaltë

мармелада

marmaladë

нугат крема

çokokrem

кари

këri

# сеоско газдинство

## fermë

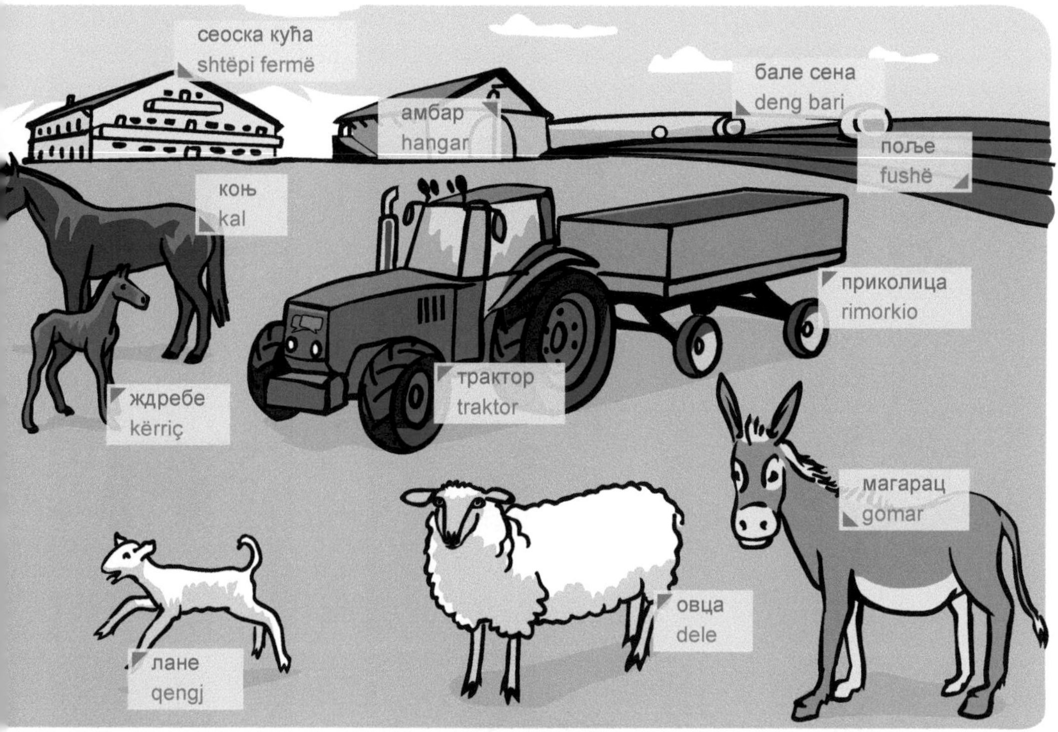
сеоска кућа
shtëpi fermë
бале сена
deng bari
амбар
hangar
поље
fushë
коњ
kal
приколица
rimorkio
трактор
traktor
ждребе
kërriç
магарац
gomar
овца
dele
лане
qengj

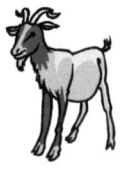

коза

dhi

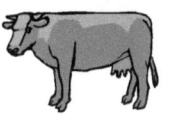

крава

lopë

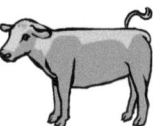

теле

viç

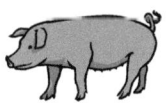

свиња

derr

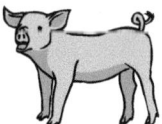

прасе

derrkuc

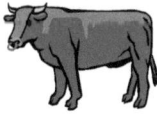

бик

dem

гуска

patë

патка

rosë

пилићи

zog pule

кокош

pulë

петао

gjel

пацов

mi

мачка

mace

миш

mi

вол

buall

пас

qen

кућица за пса

kolibe qeni

вртно црево

zorrë vaditëse

канта за поливање

vaditëse

коса

kosë

плуг

plug

срп

drapër

мотика

shat

виљушка за ђубриво

kosa

секира

sëpatë

тачке

karrocë

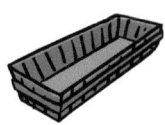

корито

govatë

посуда за млеко

bidon qumështi

вреća

thes

ограда

gardh

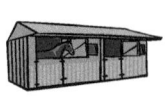

штала

ahur

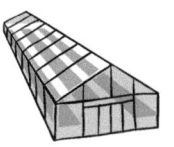

стакленик

serë

земља

dhe

семе

farë

ђубриво

pleh

комбајн

autokombanjë

жети
...............
korr

жетва
...............
te korrat

јамс зачин
...............
patate e ëmbël "Yam"

пшеница
...............
grurë

соја
...............
soja

крумпир
...............
patate

кукуруз
...............
misër

уљана репица
...............
raps

воћка
...............
pemë frutore

гомољ маниоке
...............
zhardhok manioku

житарице
...............
drithëra

# кућа
# shtëpi

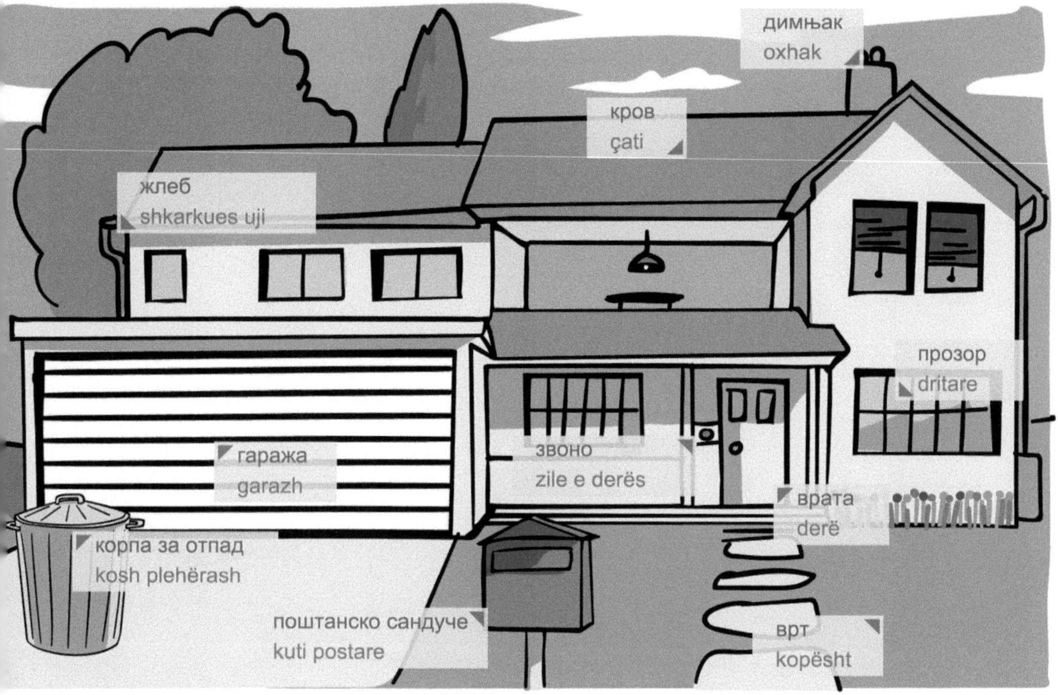
димњак
oxhak
кров
çati
жлеб
shkarkues uji
прозор
dritare
звоно
zile e derës
гаража
garazh
врата
derë
корпа за отпад
kosh plehërash
поштанско сандуче
kuti postare
врт
kopësht

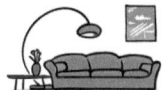

дневна соба

dhomë ndenjeje

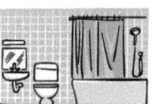

купаоница

tualet

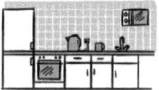

кухиња

kuzhinë

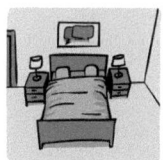

спаваћа соба

dhomë gjumi

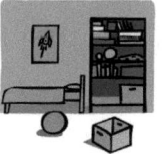

дечија соба

dhomë fëmijësh

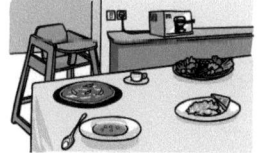

трпезарија

dhomë ngrënieje

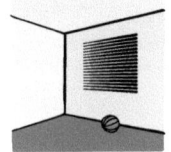

под

dysheme

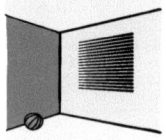

зид

mur

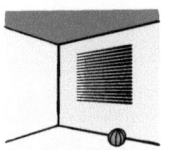

строп

tavan

подрум

bodrum

сауна

sauna

балкон

ballkon

тераса

tarracë

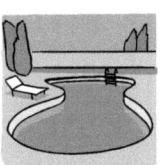

базен

pishinë

косилица за траву

kositëse bari

постељина за кревет

çarçaf

дека за кревет

kuvertë

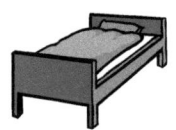

кревет

krevat

метла

fshesë dore

канта

kovë

прекидач

çelës

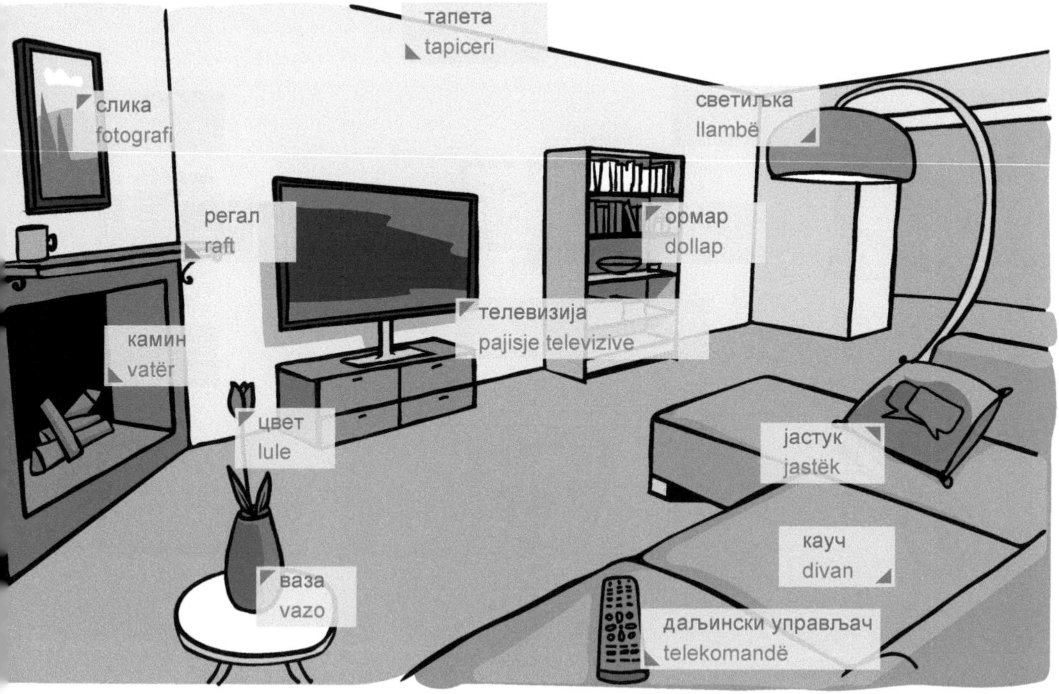

тапета
tapiceri

слика
fotografi

светиљка
llambë

регал
raft

ормар
dollap

телевизија
pajisje televizive

камин
vatër

цвет
lule

јастук
jastëk

кауч
divan

ваза
vazo

даљински управљач
telekomandë

**тепих**
qilim

**завеса**
perde

**сто**
tavolinë

**столица**
karrige

**столица за њихање**
karrige lëkundëse

**фотеља**
kolltuk

књига

libri

дека

batanije

декорација

zbukurime

дрво за огрев

dru zjarri

филм

film

хи-фи уређај

stereo

кључ

çelës

новине

gazetë

слика на платну

pikturë

постер

afishe

радио

radio

блок за писање

bllok shënimesh

усисивач

fshesë me korent

кактус

kaktus

свећа

qiri

# кухиња
# kuzhinë

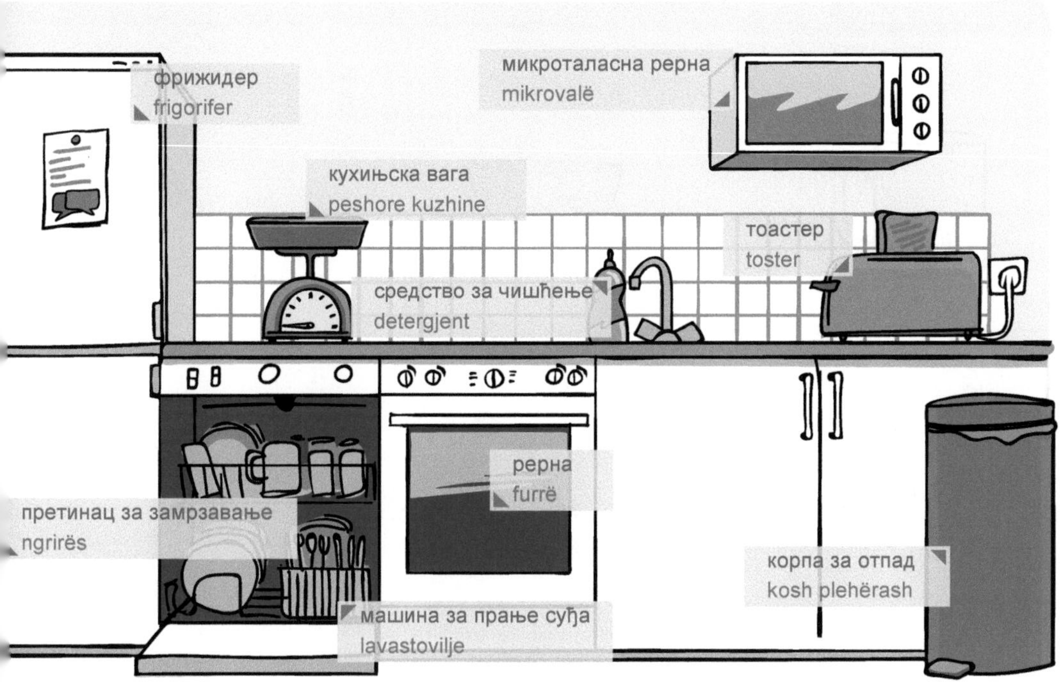
фрижидер
frigorifer
микроталасна рерна
mikrovalë
кухињска вага
peshore kuzhine
тоастер
toster
средство за чишћење
detergjent
рерна
furrë
претинац за замрзавање
ngrirës
корпа за отпад
kosh plehërash
машина за прање суђа
lavastovilje

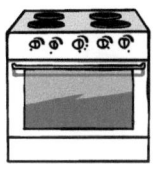

шпорет

sobë

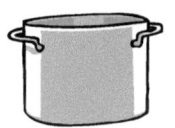

лонац

tenxhere

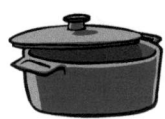

гвоздени лонац

tenxhere me kapak

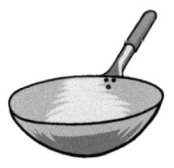

вок / кадаи

tigan special (Wok)

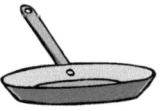

тава

tigan

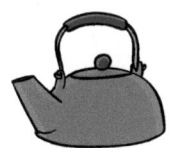

кувало за воду

çajnik

кувало на пару

tenxhere me avull

лим за печење

tavë pjekjeje

посуђе

enë

чаша

filxhan

посуда

tas

штапићи за јело

shkopinj

кутлача

garuzhde

лопатица

spatul

пењача

tel kuzhine

сито за кување

kulluese

сито

sitë

рибеж

rende

мужар

havan

роштиљ

skarë

огњиште

zjarr

даска

dërrasë për prerje

оклагија

okllai

вадичеп

heqëse tapash

конзерва

kanaçe

отварач конзерви

hapëse kanaçeje

крпа за лонац

rrobë për të kapur
tenxheren

судопер

lavaman

четка

furçë

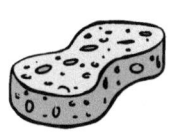

сунђер

sfungjer

миксер

përzjerës

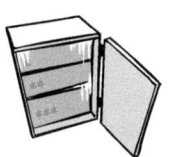

замрзивач

ngrirës

флашица за бебе

biberon për lëngje

славина за воду

rubinet

# купаоница

# tualet

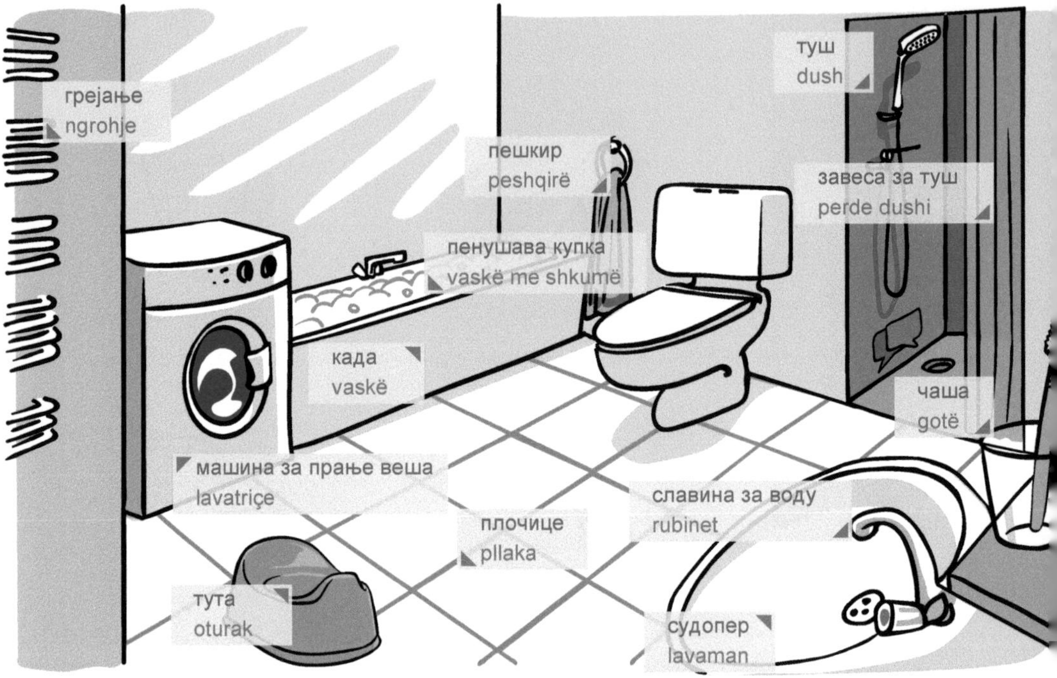

грејање
ngrohje
пешкир
peshqirë
туш
dush
завеса за туш
perde dushi
пенушава купка
vaskë me shkumë
када
vaskë
чаша
gotë
машина за прање веша
lavatriçe
славина за воду
rubinet
плочице
pllaka
тута
oturak
судопер
lavaman


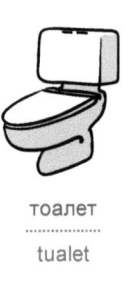

тоалет

tualet

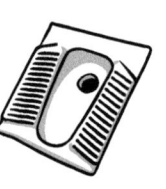

чучавац

WC e sheshtë

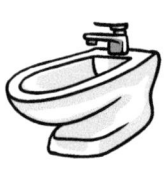

бидет

bide

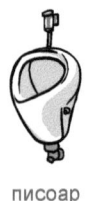

писоар

tualet publik

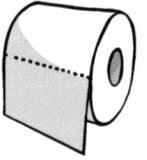

тоалетни папир

letër higjienike

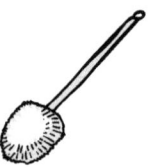

четка за тоалет

furçe për WC

**четкица за зубе**

furçë dhëmbësh

**паста за зубе**

pastë dhëmbësh

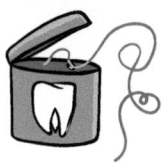

**конац за зубе**

fije dentare

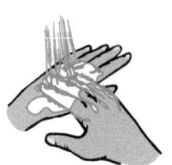

**прати**

laj

**туш ручица**

dorezë dushi

**туш за прање интимних делова**

larës për zonën intime

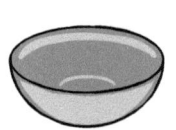

**лавор**

legen

**четка за прање леђа**

furçë për masazh shpine

**сапун**

sapun

**гел за туширање**

shampo trupi

**шампон**

shampo

**крпа за прање**

leckë pastruese

**одвод**

kullues

**крема**

krem

**дезодоранс**

antidjersë

огледало

pasqyrë

козметичко огледало

pasqyrë dore

бријач

brisk rroje

пена за бријање

shkumë rroje

лосион за после бријања

locion pas rrojes

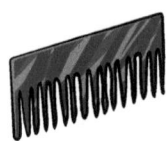

чешаљ

krehër

четка

furçë

фен за косу

tharëse flokësh

спреј за косу

llak për flokët

шминка

grim

руж за усне

buzëkuq

лак за нокте

manikyr

вата

mbushje pambuku

маказе за нокте

gërshërë për thonj

парфем

parfum

козметичка торбица

antë për sendet personale

столица

Stol

вага

peshore

огртач

robëdëshambër

рукавице за чишћење

dorashka gome

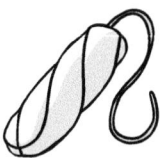

тампон

tampon

уложак

peceta higjienike

хемијски тоалет

tualet I lëvizshëm

# дечија соба

# dhomë fëmijësh

будилник
orë me zile
плишана играчка
lodra me pellushë
ауто играчка
makinë lodër
звечка
rraketake
кућица за лутке
shtëpi kukullash
поклон
dhuratë

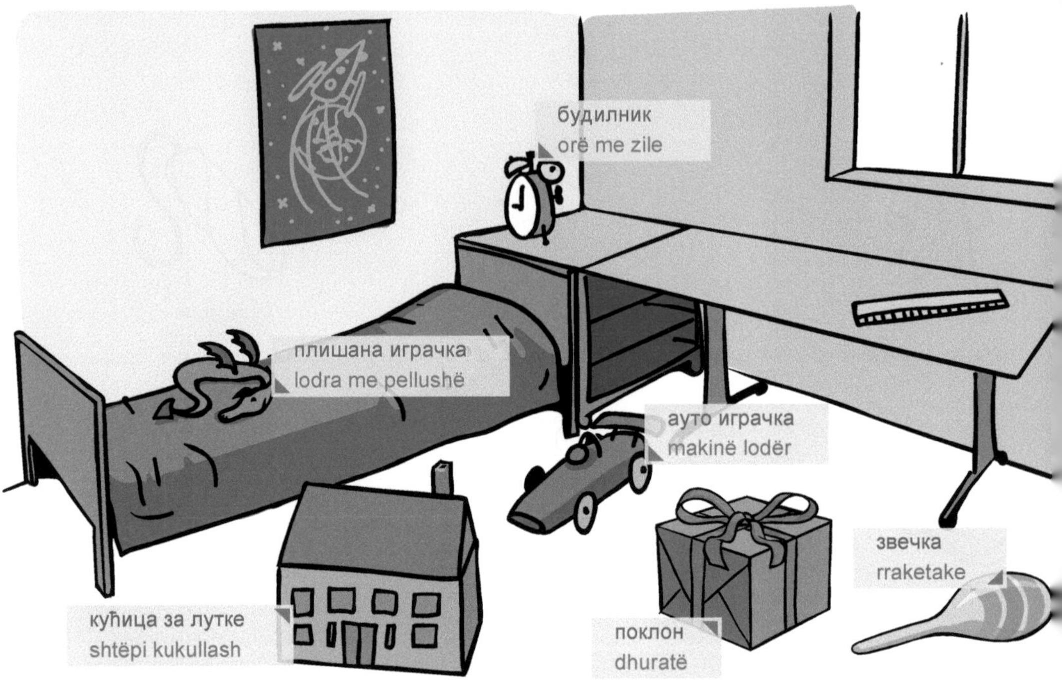

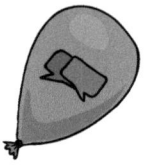

балон

tollumbace

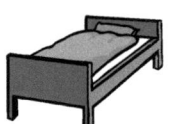

кревет

krevat

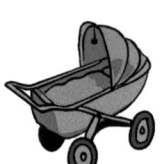

дјечија колица

karrocë fëmijësh

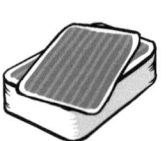

игра са картама

lojë me letra

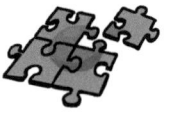

слагалица

bashkim pjesësh me figura

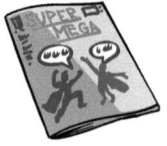

стрип

komik

лего коцкице

formuese lodër

коцкице за слагање

kuba plastikë

акциони јунак

lodra

бенкица за бебе

badi

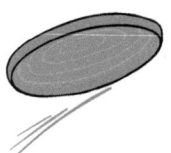

фризби

frizbi

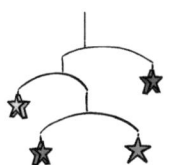

висеће играчке

lodra të varura tek krevati i fëmijëve

друштвене игре

tavolinë lojërash

коцка

zare

минијатурна жељезница

model treni

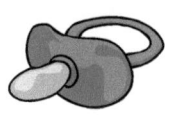

дуда

biberon

забава

festë

сликовница

libër me ilustrime

лопта

top

лутка

kukull

играти

luaj

пешчаник

grumbull rëre

љуљачка

kolovarëse

играчка

lodra

конзола за игре

leva për lojra video

трицикл

triçikël

теди

arush prej pellushi

ормар

garderobë

# одећа

## veshje

кратке чарапе

çorape

чарапе

çorape të gjata

хулахопке

geta

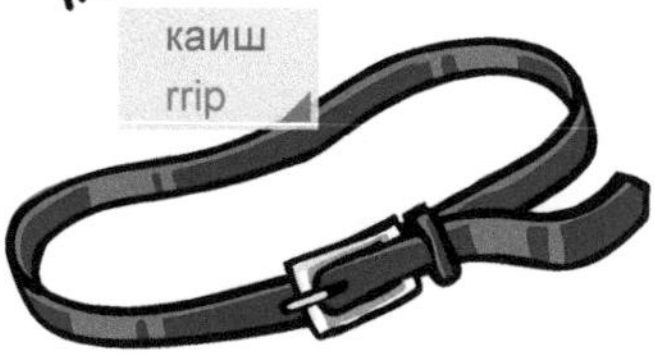

шал
shall

каиш
rrip

кишобран
çadër

майица
bluzë pa jakë

чизме
çizme

папуче
pantofla

патике
atlete

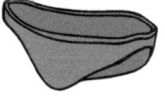

сандале
.................
sandale

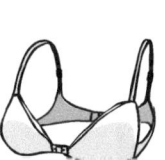

ципеле
.................
këpucë

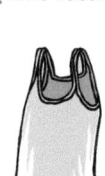

гумене чизме
.................
çizme llastiku

гаћице
.................
të mbathura

грудњак
.................
reçipeta

поткошуља
.................
kanotierë

**боди**
trup

**панталоне**
pantallona

**фармерке**
xhinse

**сукња**
fund

**блуза**
bluzë

**кошуља**
këmishë

**џемпер**
pulovër

**џемпер с капуљачом**
triko

**сако**
xhaketë

**јакна**
xhaketë

**мантил**
pallto

**кабаница**
mushama shiu

**костим**
kostum

**хаљина**
fustan

**венчаница**
fustan nusërie

одећа - veshje

**одело**

kostum

**спаваћица**

këmishë nate

**пиџама**

pizhama

**сари**

sari (veshje tradicionale indiane)

**марама за главу**

shami koke

**турбан**

çallmë

**бурка**

eshje për femrat e besimit musliman

**кафтан**

kaftan (lloj veshjeje tradicionale)

**абаја**

ferexhe

**купаћи костим**

kostum banje

**купаће гаћице**

rroba banje

**кратке панталоне**

pantallona të shkurtra

**одећа за тренинг**

tuta sporti

**кецеља**

përparëse

**рукавице**

dorashka

дугме

kopsë

наочаре

syze

наруквица

byzylyk

огрлица

gjerdan

прстен

unazë

наушница

vath

капа

kapuç

вешалица

varëse për pallto

шешир

kapele

кравата

kravatë

патент затварач

zinxhir

кацига

helmetë

нараменице

tiranda

школска униформа

uniformë shkolle

униформа

uniformë

подбрадак

gushore

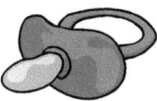

дуда

biberon

пелена

pelenë

# канцеларија
# zyrë

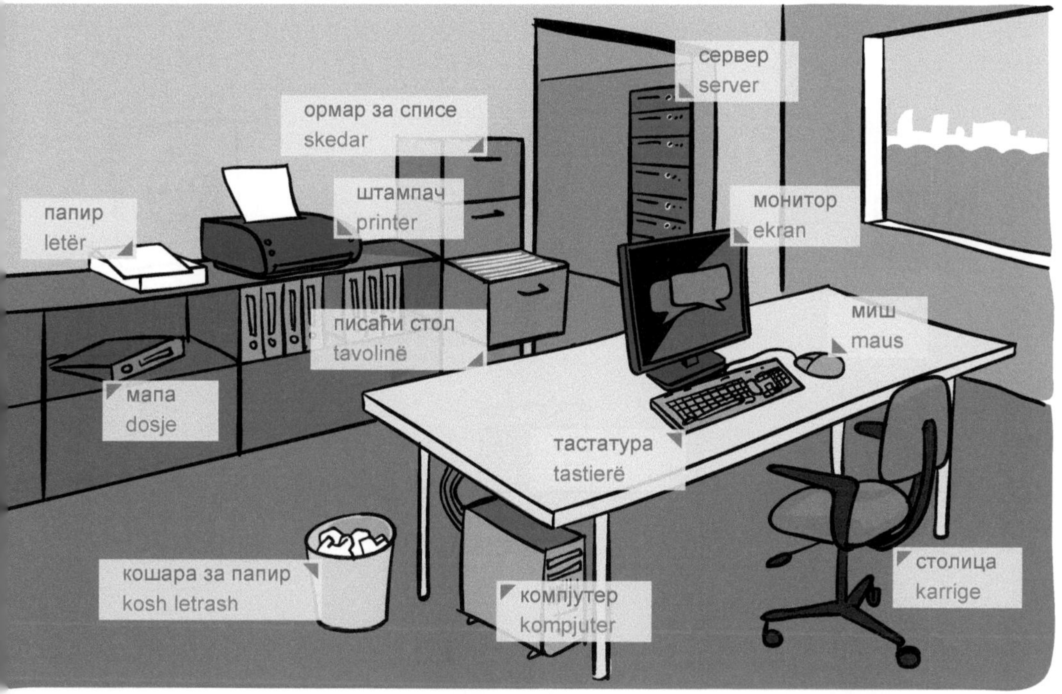

сервер
server

ормар за списе
skedar

штампач
printer

монитор
ekran

папир
letër

миш
maus

писаћи стол
tavolinë

мапа
dosje

тастатура
tastierë

кошара за папир
kosh letrash

столица
karrige

компјутер
kompjuter

шалица за каву

filxhan kafeje

калкулатор

makinë llogaritëse

интернет

internet

**лаптоп**

kompjuter portativ

**писмо**

letër

**порука**

mesazh

**мобилни телефон**

telefon

**мрежа**

rrjet

**уређај за копирање**

fotokopje

**софтвер**

program

**телефон**

telefon

**утичница**

prizë

**факс**

pajisje faksi

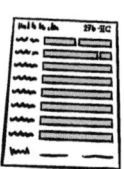

**формулар**

formular

**документ**

dokument

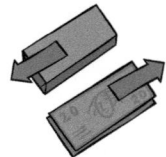

куповати

blej

платити

paguaj

трговати

tregtoj

новац

para

долар

dollar

евро

euro

јен

jen

рубља

rubla

швајцарски франак

franga zvicerane

ренминдби јуан

juani kinez

рупија

rupje

аутомат за новац

bankomat

мењачница

pikë këmbimi valutor

злато

ar

сребро

argjend

нафта

nafta

енергија

energji

цена

çmim

уговор

kontratë

порез

taksë

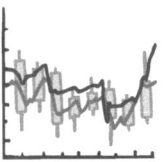

деонице

aksione

радити

punoj

службеник

punonjës

послодавац

punëdhënës

фабрика

fabrikë

продавница

dyqan

# занимања
# profesionet

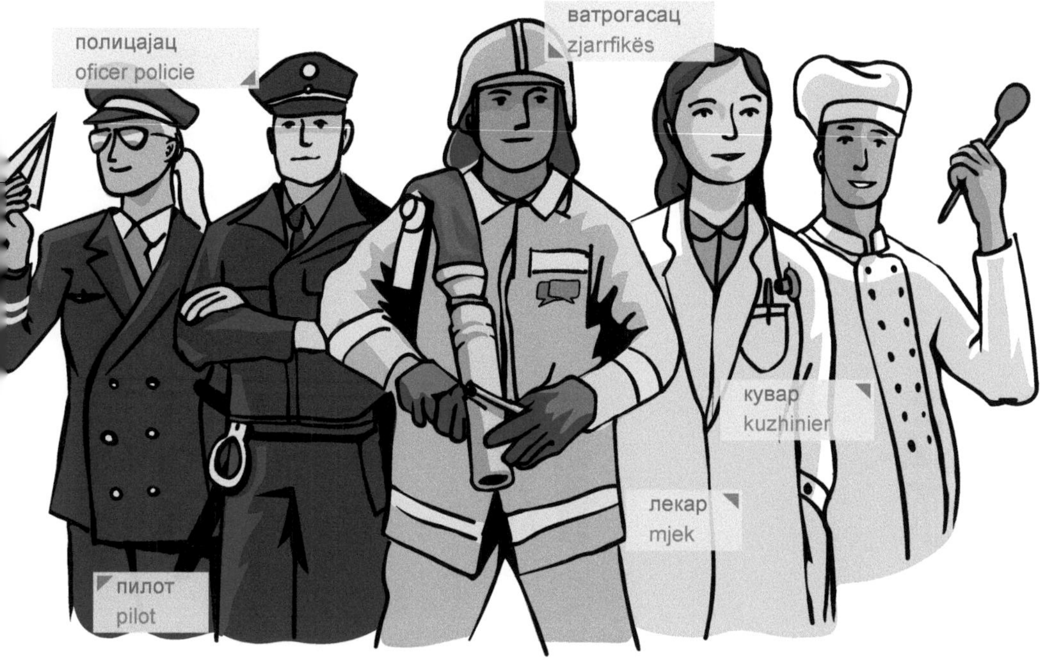

полицајац
oficer policie
ватрогасац
zjarrfikës
кувар
kuzhinier
лекар
mjek
пилот
pilot


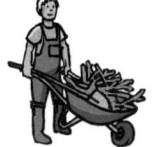

вртлар

kopshtar

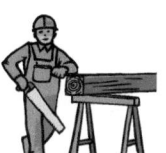

столар

marangoz

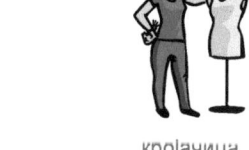

кројачица

rrobaqepëse

судија

gjykatës

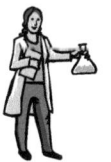

хемичар

kimist

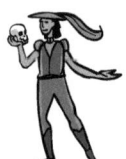

глумац

aktor

возач аутобуса

shofer autobuzi

возач таксија

taksist

рибар

peshkatar

чистачица

pastruese

кровопокривач

riparues çatish

конобар

kamarier

ловац

gjuetar

сликар

piktor

пекар

furrxhi

електричар

elektriçist

грађевински радник

ndërtues

инжењер

inxhinier

месар

kasap

лимар

hidraulik

поштар

postieri

војник

ushtar

архитекта

arkitekt

благајник

arkëtar

цвећар

luleshitës

фризер

berber

кондуктер

kontrollor

механичар

mekanik

капетан

kapiten

зубар

dentist

научник

shkencëtar

раби

rabin

имам

imam

монах

murg

свећеник

klerik

# алати

# mjete

чекић
çekiç
клешта
pinca
одвијач
kaçavidë
кључ за завртње
çelës mekanik
џепна лампа
elektrik dore

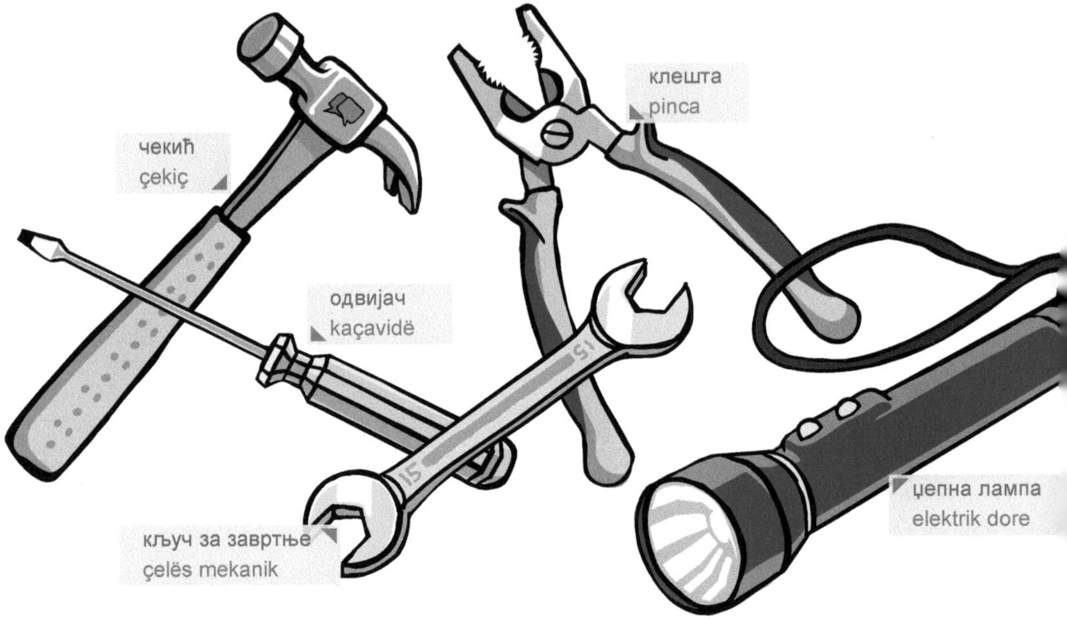

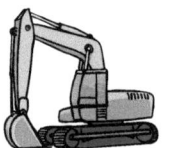

багер

ekskavator

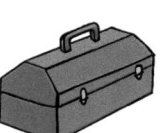

кутија за алат

kuti veglash

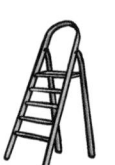

мердевине

shkallë

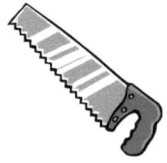

пила

sharrë

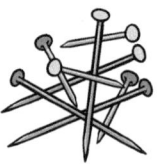

ексер

gozhdë

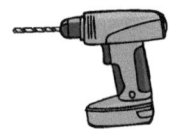

бушилица

trapan

поправити
riparoj

лопата
lopatë

до ђавола!
Dreq!

лопатица
kaci

лонац за боју
kuti boje

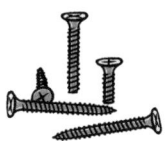

завртањи
vidhë

## музички инструмент
## instrumenta muzikorë

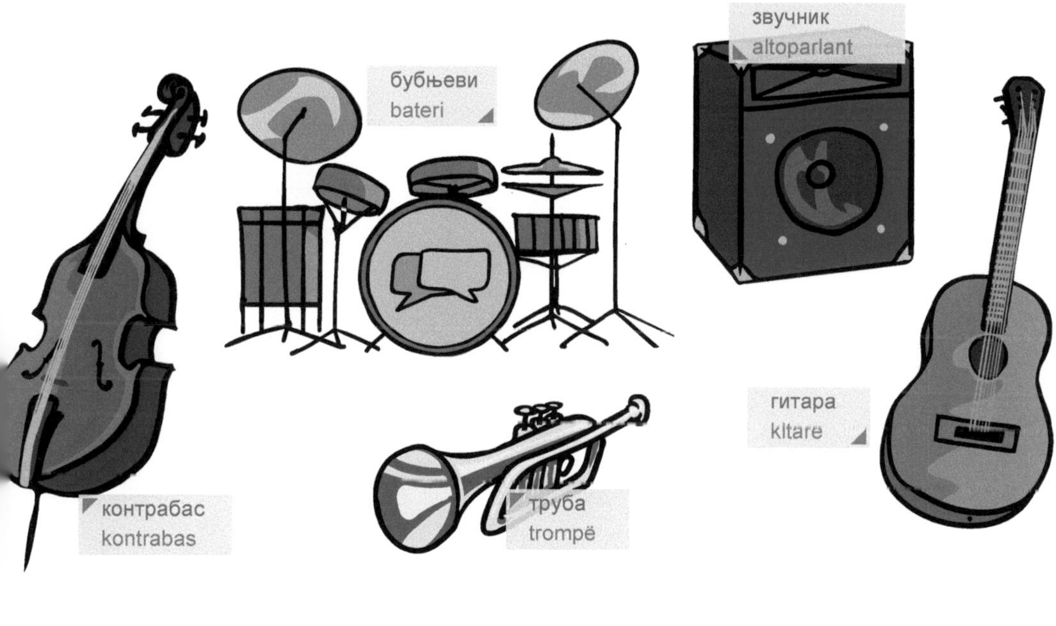

звучник
altoparlant

бубњеви
bateri

гитара
kltare

контрабас
kontrabas

труба
trompë

клавир

piano

виолина

violinë

бас

bas

тимпани

tamburë

ударальке за бубњеве

daulle

типке клавира

tastierë pianoje

саксофон

saksofon

флаута

flaut

микрофон

mikrofon

# зоолошки врт

# kopsht zoologjik

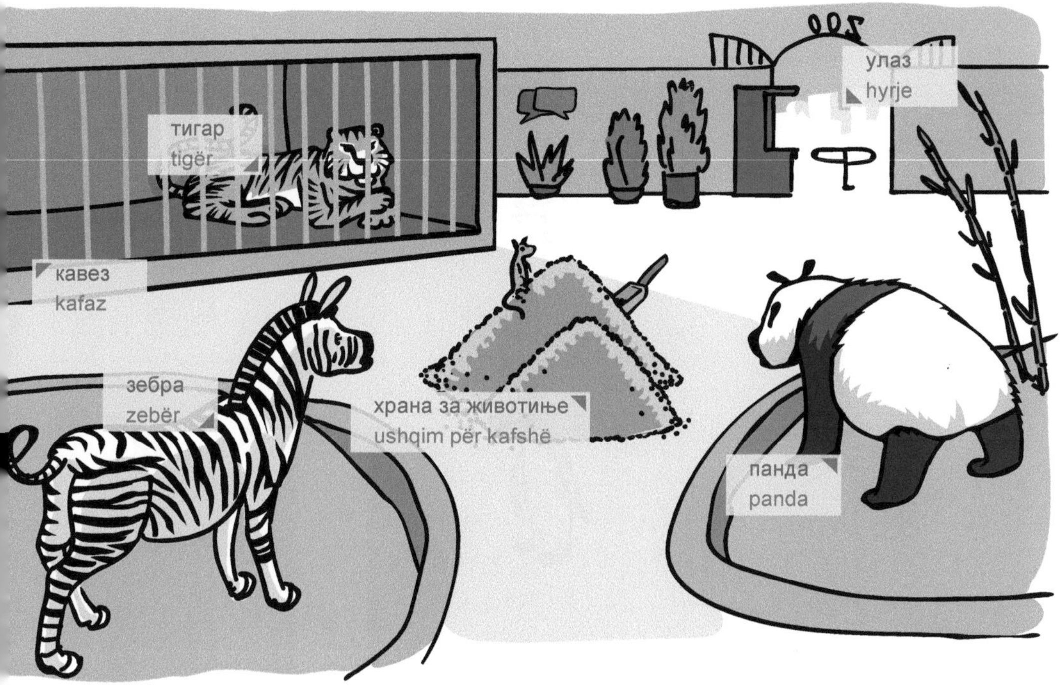

zoo
улаз
hyrje
тигар
tigër
кавез
kafaz
зебра
zebër
храна за животиње
ushqim për kafshë
панда
panda


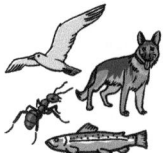

животиње
kafshë

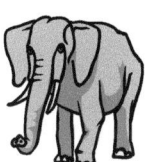

слон
elefant

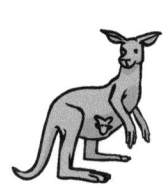

кенгур
kangur

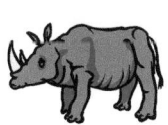

носорог
rinoceront

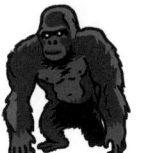

горила
gorillë

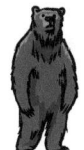

медвед
ari

камила
deve

нoj
struc

лав
luan

мajмун
majmun

фламинго
flamingo

папагaj
papagall

поларни медвед
ari polar

пингвин
pinguin

аjкула
peshkaqen

паун
pallua

змиja
gjarpër

крокодил
krokodil

чувар у зоолошком врту
punonjës i kopshtit zoologjik

туљан
fokë

jaгуар
xhaguar

пони

poni

леопард

leopard

нилски коњ

hipopotam

жирафа

gjirafë

орао

shqiponjë

дивља свиња

derr i egër

риба

peshk

корњача

breshkë

морж

lopë deti

лисица

dhelpër

газела

gazelë

америчкиногомет
futboll amerikan

бициклизам
çiklizëm

тенис
tenis

кошарка
basketboll

пливање
not

бокс
boks

хокеј на леду
hokej mbi akull

| | | |
|---|---|---|
| фудбал | бадминтон | атлетика |
| futboll | badminton | atletikë |
| рукомет | скијање | поло |
| hendboll | ski | polo |

скочити
hidhem

загрлити
përqafoj

смејати се
qesh

ићи
eci

певати
këndoj

сањати
ëndërroj

молити се
lutem

пољубити
puth

писати
shkruaj

цртати
vizatoj

показати
tregoj

гурати
shtyj

дати
jap

узети
marr

имати

kam

чинити

bëj

бити

jam

стојати

qëndroj

трчати

vrapoj

повлачити

tërheq

бацити

hedh

падати

bie

лежати

shtrihem

чекати

pres

носити

mbaj

седити

ulem

облачити

vishem

спавати

fle

пробудити се

zgjohem

гледати
shikoj

плакати
qaj

миловати
përkëdhel

чешљати
kreh

говорити
bisedoj

разумети
kuptoj

питати
kërkoj

слушати
dëgjoj

пити
pi

јести
ha

поспремити
sistemoj

волети
dashuroj

кухати
gatuaj

возити
drejtoj makinën

летети
fluturoj

пловити

lundroj

рачунати

llogaris

читати

lexoj

учити

mësoj

радити

punoj

венчати се

martohem

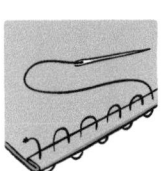

шити

qep

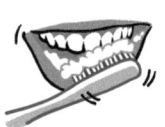

прати зубе

laj dhëmbët

убити

vras

пушити

tymos

послати

dërgoj

# породица

# familje

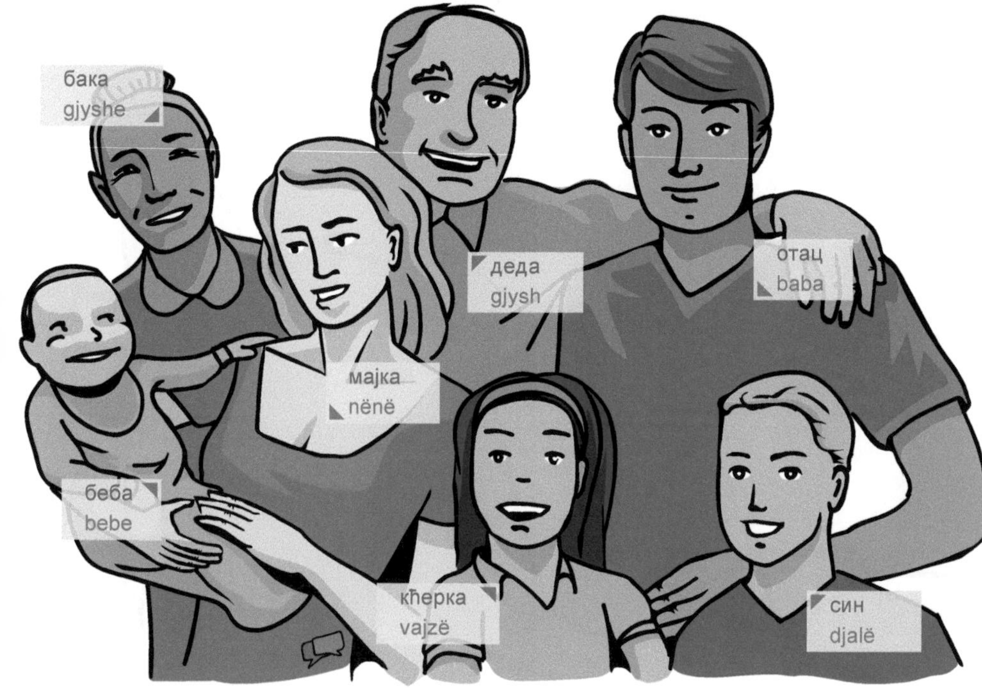

бака
gjyshe
деда
gjysh
отац
baba
мајка
nënë
беба
bebe
кћерка
vajzë
син
djalë


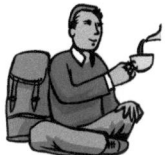

гост

mysafir

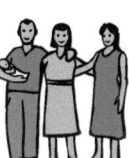

тетка

teze, hallë

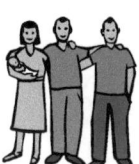

ујак, стриц

dajë, xhaxha

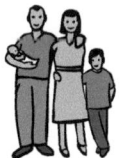

брат

vëlla

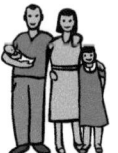

сестра

motër

# тело

# trupi

чело
balli
око
syri
раме
shpatulla
прст
gishti
лице
fytyra
брада
mjekra
рука
dora
нога
këmba
груди
krahërori
рука
krahu


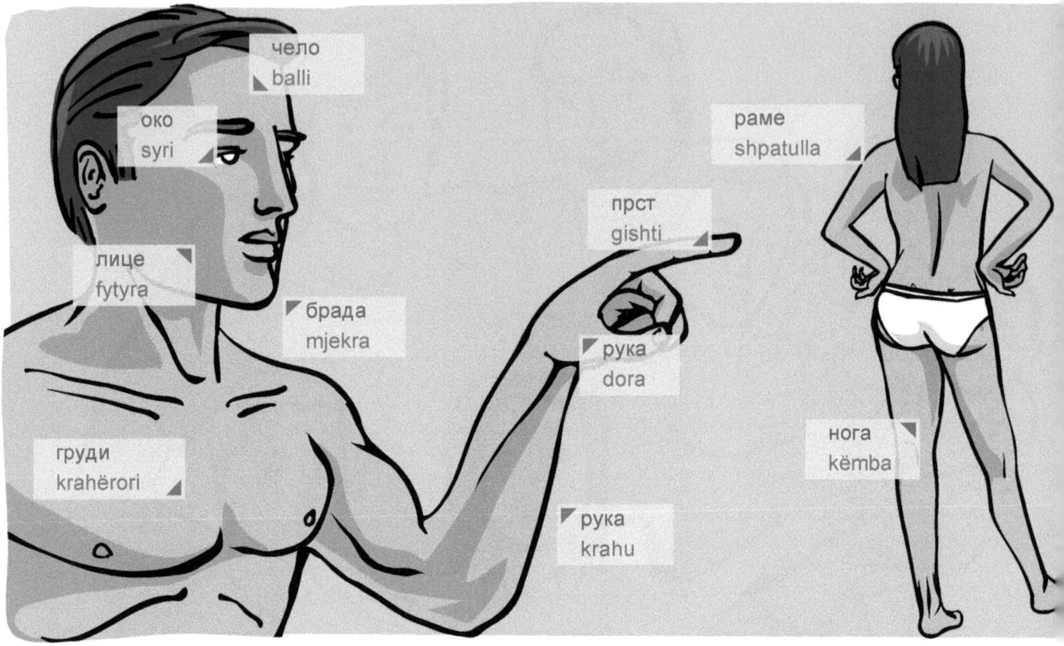

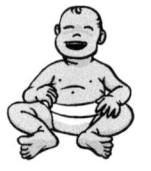

беба

bebe

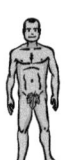

мушкарац

burrë

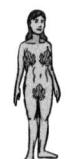

жена

grua

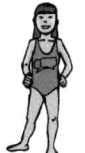

девојчица

vajzë

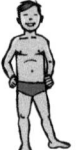

дечак

djalë

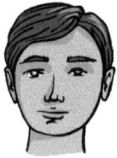

глава

koka

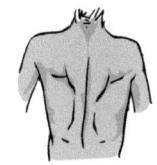

лећа

shpina

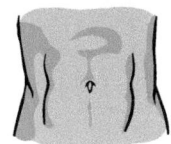

стомак

barku

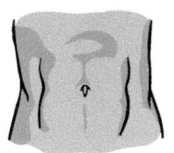

пупак

kërthiza

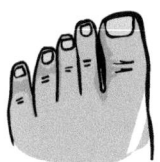

ножни прст

gisht këmbe

пета

Thembra

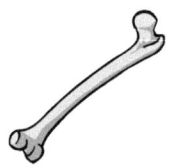

кост

kockë

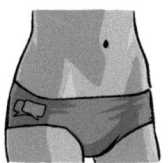

кукови

legeni

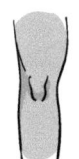

колено

gjuri

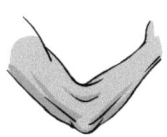

лакат

bërryli

нос

hunda

задњица

vithc

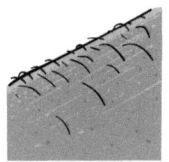

кожа

lëkura

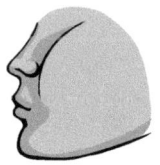

образ

faqja

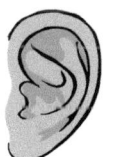

уво

veshi

усна

buza

уста

goja

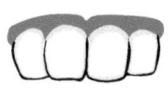

зуб

dhëmbët

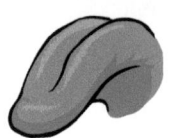

језик

gjuha

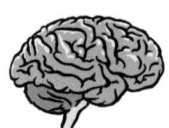

мозак

truri

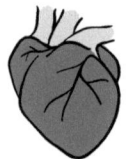

срце

zemra

мишић

muskul

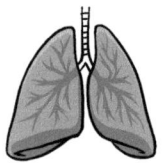

плућа

mushkëria

јетра

mëlçia

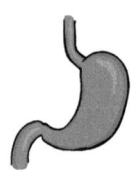

желудац

stomaku

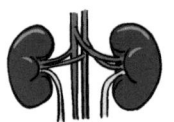

бубрези

veshka

полни однос

seks

кондом

prezervativ

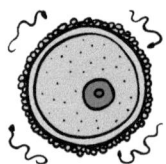

јајна ћелија

veza

сперма

sperma

трудноћа

shtatëzani

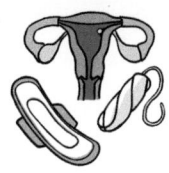

менструација

menstruacione

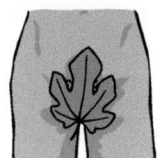

вагина

vagina

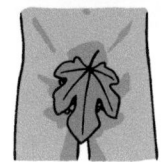

пенис

penis

обрва

vetulla

коса

flokët

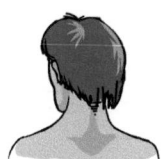

врат

qafa

# болница
## spital

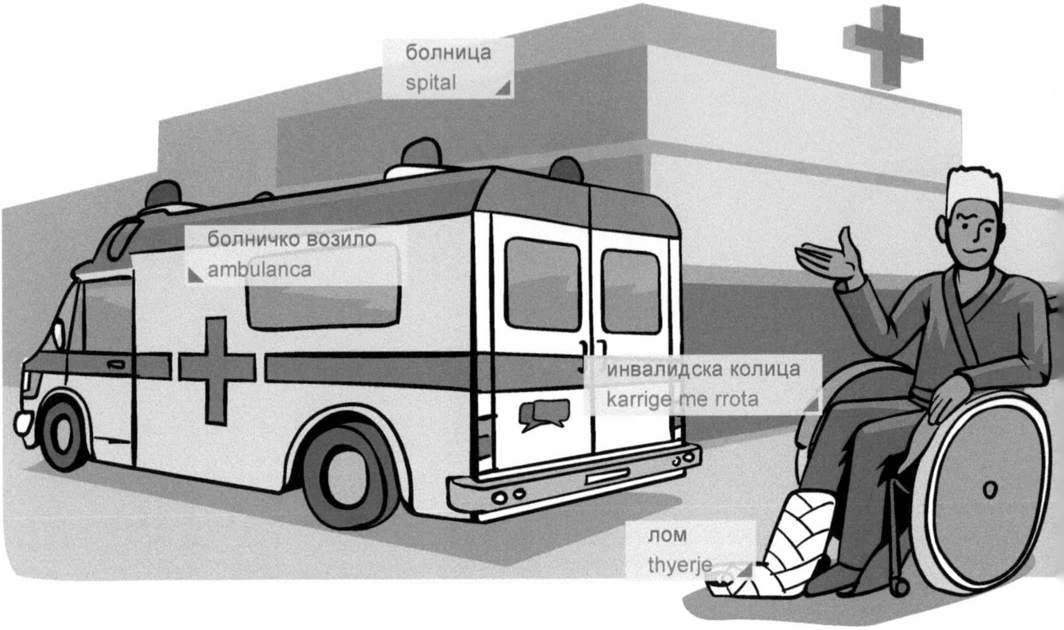

болница
spital

болничко возило
ambulanca

инвалидска колица
karrige me rrota

лом
thyerje

лекар

mjek

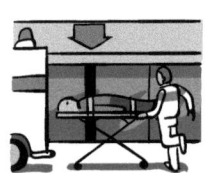

хитна медицинска служба

sallë urgjencash

медицинска сестра

infermiere

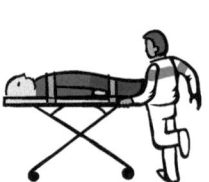

хитни случај

emergjencë

несвест

i pandërgjegjshëm

бол

dhimbje

повреда

dëmtim

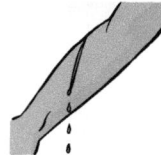

крварење

gjakosje

срчани удар

infarkt

удар

goditje

алергија

alergji

кашаљ

kolla

грозница

ethe

грипа

grip

пролив

diarre

главобоља

dhimbje koke

рак

kancer

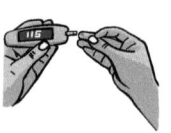

дијабетес

diabet

хирург

kirurg

скалпел

bisturi

операција

operacion

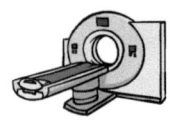

цт

CT (skaner)

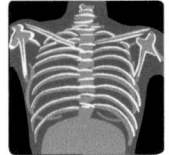

рентген

radiografi

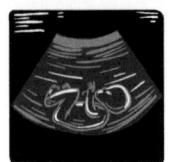

ултразвук

ultratingull

маска

maskë fytyre

болест

sëmundje

чекаона

dhomë pritjeje

штака

paterica

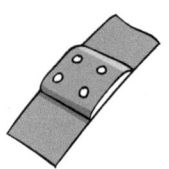

фластер

leukoplast

завој

fasho

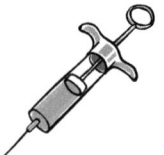

инјекција

injeksion

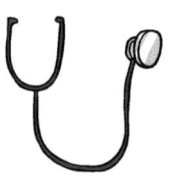

стетоскоп

stetoskop

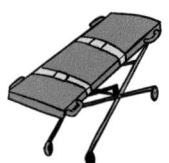

носила

barelë

термометар

termometër

рођење

lindje

прекомерна тежина

mbipeshë

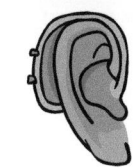

слушни апарат

aparat dëgjimi

средство за дезинфекцију

dezinfektant

инфекција

infeksion

вирус

virus

хив / аидс

HIV / AIDS

медицина

mjekësi, mjekim

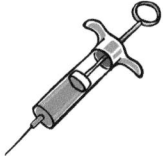

вакцинација

vaksinim

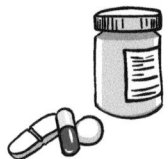

таблете

tableta

пилула

pilulë

хитни позив

telefonatë emergjence

уређај за мерење притиска

aparat tensioni

болесно / здраво

i sëmurë / i shëndetshëm

помоћ!

Ndihmë!

аларм

alarm

насртај

sulm

напад

atak

опасност

rrezik

излаз у случају нужде

dalje emergjence

пожар!

Zjarr!

противпожарни апарат

fikëse zjarri

незгоца

aksident

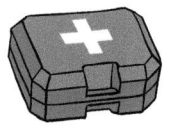

кутија прве помоћи

kuti e ndimës së shpejtë

сос

SOS

полиција

policia

Европа

Europa

Северна Америка

Amerika e Veriut

Јужна Америка

Amerika e Jugut

Африка

Afrika

Азија

Azia

Аустралија

Australia

Атлантик

Atlantiku

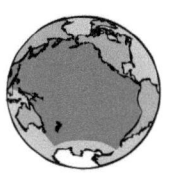

Пацифик

Paqësori

Индијски океан

Oqeani Indian

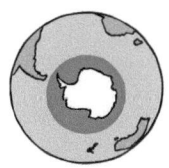

Антарктички океан

Oqeani Antarktik

Арктички океан

Oqeani Arktik

Северни рол

Poli i veriut

Јужни рол

Poli i Jugut

Антарктик

Antarktida

земља

toka

земља

tokë

море

det

оток

ishull

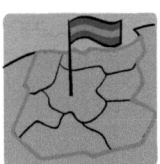

нација

komb

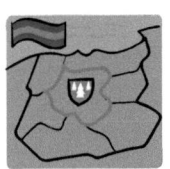

држава

shtet

бројчаник сата

fusha e orës

сатна казаљка

akrepi i orës

минутна казаљка

akrepi i minutave

секундна казаљка

akrepi i sekondave

Колико је сати?

Sa është ora?

дан

ditë

време

kohë

сада

tani

дигитални сат

orë dixhitale

минута

minutë

час

orë

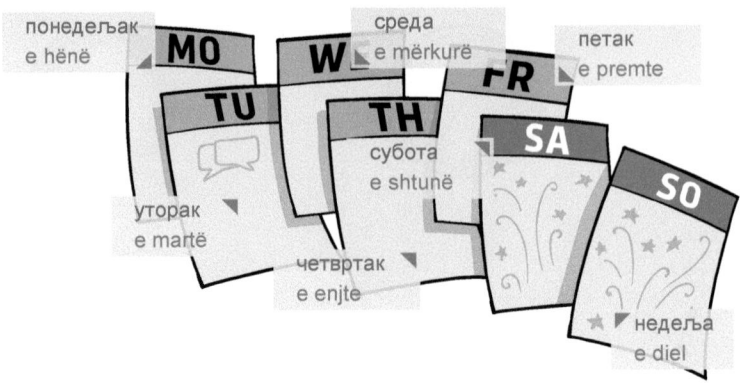

понедељак
e hënë

среда
e mërkurë

петак
e premte

уторак
e martë

четвртак
e enjte

субота
e shtunë

недеља
e diel

јуче

dje

данас

sot

сутра

nesër

јутро

mëngjes

подне

mesditë

вече

mbrëmje

радни дани

ditë pune

викенд

fundjavë

# година

## vit

киша
shi
дуга
ylber
снег
borë
ветар
erë
пролеће
pranverë
јесен
vjeshtë
лето
verë
зима
dimër

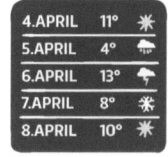

4.APRIL 11°
5.APRIL 4°
6.APRIL 13°
7.APRIL 8°
8.APRIL 10°

етеоролошка прогноза

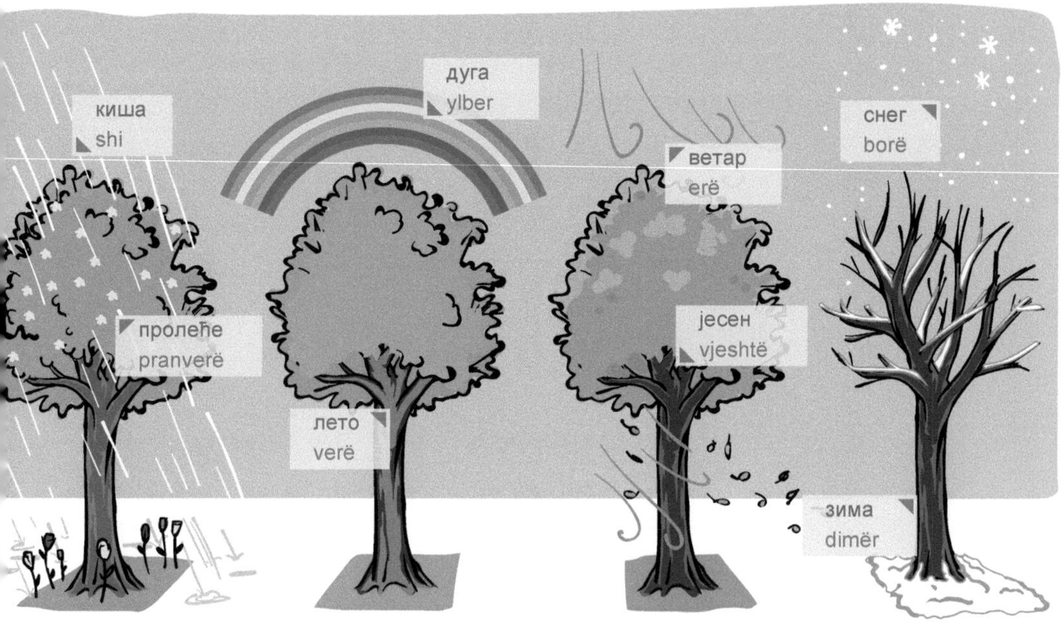

parashikimi i motit

F
C
120
90
60
30
0
-30
40
30
20
10
0
-10
-20

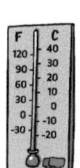

термометар

termometër

сунчана светлост

ndriçim dielli

облак

re

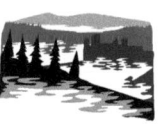

магла

mjegull

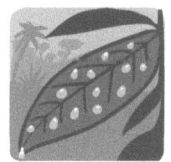

влажност ваздуха

lagështi

муња

vetëtima

грмљавина

gjëmim

олуја

stuhi

туча

breshër

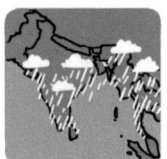

монсун

muson

поплава

përmbytje

лед

akull

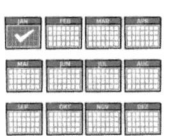

јануар

janar

фебруар

shkurt

март

mars

април

prill

мај

maj

јуни

qershor

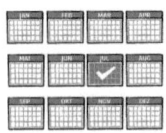

јули

korrik

август

gusht

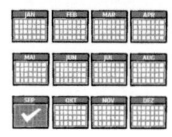

септембар
shtator

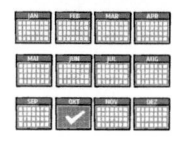

октобар
tetor

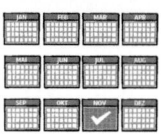

новембар
nëntor

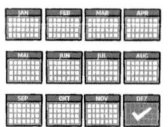

децембар
dhjetor

# облици

## forma

круг
rreth

квадрат
katror

правоугао
drejtkëndësh

троугао
trekëndësh

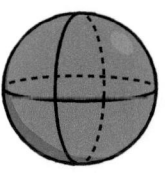

кугла
sferë

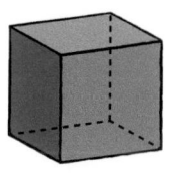

коцка
kub

бела

e bardhë

жута

e verdhë

наранџаста

portokalli

ружичаста

rozë

црвена

e kuqe

љубичаста

vjollcë

плава

blu

зелена

e gjelbër

смеђа

kafe

сива

gri

црна

e zezë

много / мало

shumë / pak

љутито / мирно

i nevrikosur / i qetë

лепо / ружно

i bukur / i shëmtuar

почетак / крај

fillim / fund

велико / малено

i madh / i vogël

светло / тамно

i ndritshëm / i errët

брат / сестра

vëlla / motër

чисто / прљаво

e pastër / e pistë

потпуно / непотпуно

e plotë / jo e plotë

дан / ноћ

ditë / natë

мртво / живо

gjallë / vdekur

широко / уско

i gjerë / i ngushtë

јестиво / нејестиво

i ngrënshëm / i pangrënshëm

зло / добро

i keq / i këndshëm

узбуђено / досадно

i lumtur / i mërzitur

дебело / мршаво

i shëndoshë / i dobët

на почетку / на крају

e para / e fundit

пријатељ / непријатељ

mik / armik

пуно / празно

plot / bosh

тврдо / мекано

e fortë / e butë

тешко / лагано

e rëndë / e lehtë

глад / жеђ

uri / etje

болесно / здраво

i sëmurë / i shëndetshëm

илегално / легално

e paligjshme / e ligjshme

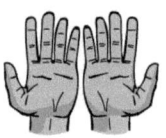

паметно / глупо

i zgjuar / budalla

лево / десно

majtas / djathtas

близу / далеко

afër / larg

ново / половно

e re / e përdorur

ништа / нешто

asgjë / diçka

старо / младо

i moshuar / i ri

укључено / искључено

ndezur / fikur

отворено / затворено

hapur / mbyllur

тихо / гласно

i qetë / i zhurmshëm

богато / сиромашно

i pasur / i varfër

тачно / погрешно

e drejtë / e gabuar

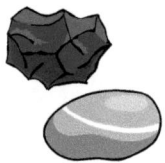

храпаво / глатко

i ashpër / i butë

тужно / сретно

i mërzitur / i lumtur

кратко / дуго

i shkurtër / i gjatë

полако / брзо

ngadalë / shpejt

мокро / сухо

i lagësht / i thatë

топло / хладно

ngrohtë / freskët

рат / мир

luftë / paqe

**0**

нула

zero

**1**

један

një

**2**

два

dy

**3**

три

tre

**4**

четири

katër

**5**

пет

pesë

**6**

шест

gjashtë

**7**

седам

shtatë

**8**

осам

tetë

**9**

девет

nentë

**10**

десет

dhjetë

**11**

једанаест

njëmbëdhjetë

**12**

дванаест

dymbëdhjetë

**13**

тринаест

trembëdhjetë

**14**

четрнаест

katërmbëdhjetë

**15**

петнаест

pesëmbëdhjetë

**16**

шестнаест

gjashtëmbëdhjetë

**17**

седамнаест

shtatëmbëdhjetë

**18**

осамнаест

tetëmbëdhjetë

**19**

деветнаест

nentëmbëdhjetë

**20**

двадесет

njëzetë

**100**

стотину

qind

**1.000**

хиљаду

mijë

**1.000.000**

милион

milion

# језици
## gjuhët

енглески
............
anglisht

амерички енглески
............
anglishte amerikane

мандарински кинески
............
kinezisht mandarin

хиндски
............
hindi

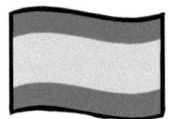

шпански
............
spanjisht

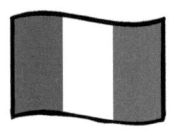

француски
............
frëngjisht

арапски
............
arabisht

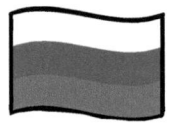

руски
............
rusisht

португалски
............
portugalisht

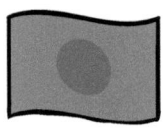

бенгалски
............
bengalisht

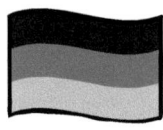

немачки
............
gjermanisht

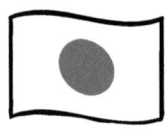

јапански
............
japonisht

ja
une

ти
ti

он / она / оно
ai / ajo

ми
ne

ви
ju

они
ata

Ко?
kush?

Шта?
çfarë?

Како?
si?

Где?
ku?

Када?
kur?

име
emër

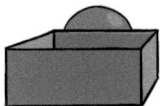

иза

pas

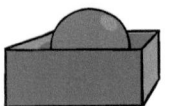

у

në

испред

përballë

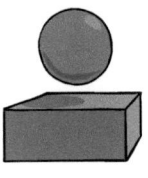

преко

sipër

на

mbi

испод

poshtë

поред

pranë

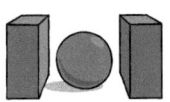

између

midis

место

vend